AF262197

SUR LA

PAIX PERPÉTUELLE

DISCOURS

PRONONCÉ

A LA SÉANCE SOLENNELLE DE RENTRÉE DES FACULTÉS

DE L'ACADÉMIE DE CAEN

Le 17 Novembre 1881

par

Emmanuel CHAUVET

PROFESSEUR A LA FACULTÉ DES LETTRES DE CAEN

CAEN

IMPRIMERIE DE F. LE BLANC-HARDEL

RUE FROIDE, 2 ET 4

1881

Monsieur le Recteur,

Messieurs,

Un homme est né le 18 février 1658, au château de Saint-Pierre-Église, près Barfleur, dans le Cotentin. Esprit curieux et scrutateur, imagination fertile en inventions politiques et sociales, âme ardente sous des dehors débonnaires et passionnée pour le bien de l'humanité, publiciste infatigable, inépuisable, à qui il n'a manqué, pour être illustre, que de savoir écrire ce qu'il savait penser, — il a mis dans le monde une idée neuve, hardie, assez généreuse pour survivre à l'indifférence et au mépris qu'elle rencontra d'abord. Cet homme, c'est l'abbé de Saint-Pierre ; cette idée, c'est celle de la paix perpétuelle.

L'idée de la paix perpétuelle est donc une idée

non-seulement française, mais normande. Et il était
bien qu'il en fût ainsi. S'il appartient aux vaillants,
dont le courage est au-dessus du soupçon, de se
montrer doux, il appartenait sans doute à la France,
la nation chevaleresque, à la Normandie, la forte
race, après avoir partout promené leur épée victo-
rieuse, de la remettre au fourreau, et de dire aux
peuples, la branche d'olivier à la main : assez de
sang versé, fermons nos plaies; assez de divisions,
unissons-nous; assez de haines, aimons-nous; et
qu'au fléau de la guerre succède l'éternel bienfait de
la paix !

C'est, Messieurs, de cette idée d'un état de paix
remplaçant l'état de guerre que je voudrais vous
entretenir. Ce n'est pas, ce me semble, un sujet
sans opportunité. Où conviendrait-il mieux qu'en
cette capitale intellectuelle de la Normandie de
parler d'une inspiration normande ? Où conviendrait-il mieux qu'en cette fête des lettres et des
sciences, ennemies de la guerre, de vanter les
grâces et les dons de la paix? Et où conviendrait-il
mieux qu'en cette assemblée, où la science juridique est si éminemment représentée, de pro-
clamer la sainteté du droit en face des brutalités
de la force?

Messieurs, si l'on veut assister à la naissance
de l'idée de la paix perpétuelle, il faut remonter
jusqu'aux premières années du XVIIᵉ siècle; et si
l'on veut la contempler au berceau, il faut lire les
Économies royales de Sully, tome VII et VIII. C'est
là qu'elle commence de paraître au jour et de s'es-

sayer à la vie. Est-ce le roi Henri IV lui-même, ou son ministre, qui fit ce rêve d'une confédération des États de l'Europe, et d'une diète générale dénouant les difficultés internationales par un arbitrage souverain ? On peut être là-dessus d'avis différents. Ce qui n'est pas contestable, c'est que la conception a existé dès ce temps-là; qu'elle a été non-seulement indiquée, mais développée en un ouvrage authentique, où il est loisible à chacun d'en prendre connaissance.

Henri IV, s'il faut en croire Sully, aurait été fortement frappé des maux de la guerre. Non pas sans doute des hommes tués ou mutilés, des villes mises à sac, — ces sentimentalités ne sont guère à l'usage des rois (1), — mais de l'instabilité des États, sans cesse menacés par un plus fort, ou par de plus faibles momentanément coalisés. Il aurait cherché les moyens d'y mettre fin. Or, voici ce qu'il aurait imaginé. D'abord, remanier l'Europe; rétablir une sorte d'égalité, ou plutôt de moindre inégalité, entre les États particuliers, en contraignant l'Autriche, devenue trop grande, à céder certaines de ses possessions à d'autres États, devenus trop petits. Ensuite, l'Europe refaite à son gré, et partagée en un nombre déterminé de Puissances ou *Dominations*, inviter celles-ci à se confédérer en vue d'une paix définitive. Chaque domination se serait engagée à se renfermer dans ses frontières et à ne plus convoiter le bien

(1) « J'ai grandi sur les champs de bataille, et un homme comme moi se soucie peu de la vie d'un million d'hommes. » C'est l'empereur Napoléon qui parle ainsi dans les *Mémoires* de Metternich.

d'autrui. La confédération se serait engagée à veiller
à cet ordre et à le faire observer. Pour cela, les
sociétés particulières, membres de la société générale, auraient nommé des députés, lesquels se
seraient réunis en une diète, laquelle aurait eu
plein pouvoir pour juger souverainement les différends des *dominateurs* de la *République chrétienne*.
Elle aurait eu, de plus, sous la main les troupes
nécessaires pour réprimer toute tentative d'agression
d'une domination sur l'autre. Et ainsi l'Europe aurait
présenté l'édifiant spectacle d'une société de sociétés, d'un État d'États, ayant ses lois, ses règlements, sa jurisprudence, un tribunal suprême, une
force publique, et trouvant dans cette police internationale, avec une assiette solide, une paix à toute
épreuve.

Voilà le projet de paix perpétuelle des *Économies
royales*. Vous le voyez, Messieurs, l'idée est sortie
armée de toutes pièces du premier cerveau qui
l'a conçue. Confédération européenne, diète européenne, force publique européenne, tout y est. Et
cependant, Messieurs, on peut dire hardiment que
les *Mémoires* de Sully n'eussent pas suffi à faire
vivre cette haute conception. Elle y fût morte, faute
d'air et de lumière. Il fallait qu'un homme, aux
convictions fortes, la recueillît dans ces pages trop
discrètes, et lui donnât la publicité, la notoriété,
en la proposant à l'opinion publique, en un siècle
de libre examen et de curiosité universelle. Ce fut le
rôle et l'honneur de l'abbé de Saint-Pierre.

Si l'abbé de Saint-Pierre n'est pas le père de l'idée

de la paix perpétuelle, il en est le parrain et le tuteur. Il lui a donné le nom qui lui est resté ; il l'a formulée, commentée, démontrée, défendue contre les objections, propagée par ses écrits, sans jamais se lasser, et, avec mille raisons de perdre courage, sans jamais désespérer.

Il est aussi méthodique qu'abondant. Prenant pour accordé que la guerre est le mal souverain et la paix le bien souverain, il en conclut qu'il faut au plus vite sortir sans retour de la première, entrer à pleines voiles dans la seconde et y jeter l'ancre. Mais comment éviter l'inévitable guerre, comment fixer la paix toujours fuyante ? Par la simple vertu des traités ordinaires ? Non. Les traités ordinaires n'ont jamais été que des trèves. Par la grâce de l'*équilibre des États* ? Non. L'équilibre des États n'a jamais été qu'un leurre. Il faut laisser là ces banalités, et pour obtenir un résultat nouveau, employer des procédés nouveaux.

Regardez les sociétés, et avant de les considérer entre elles, considérez-les en elles-mêmes. Qu'y trouvez-vous à l'origine ? L'état de nature. Chaque individu n'a de règle que son intérêt propre, n'a de recours qu'à la violence. C'est l'anarchie ; c'est le droit du plus fort, c'est-à-dire la négation de tout droit ; c'est la lutte de chacun contre tous, de tous contre chacun, une mêlée. En un mot, c'est la guerre intérieure. Et puis, peu à peu, des lois sont édictées, des tribunaux sont établis, un gouvernement est constitué, la société est organisée. Dès lors, tout change. Les différends des individus, de gré ou de force, sont soumis à la juridiction publique, appuyée sur la puissance publique. C'est l'obéissance commune à la loi commune ; c'est l'ordre ; c'est le droit fondé sur la raison, c'est-à-dire le vrai droit, la justice. En un mot, c'est la paix intérieure. — Eh bien ! les sociétés particulières, si on les envisage dans leurs rapports, sont elles-mêmes, aujourd'hui, à l'état de nature. Chacune ne consulte que son intérêt et ne connaît que la force. C'est l'ère de la guerre internationale, de la guerre proprement dite. Mais que ces sociétés divisées s'unissent en une société générale ; que cette société générale se donne des lois pour régler les relations des États entre eux et juger leurs différends ; qu'un tribunal suprême soit institué et qu'une force publique assure l'exécution de ses arrêts : ne voyez-vous pas l'ordre s'établir entre les États comme il s'est établi entre les individus, le droit gouverner les États comme il gouverne les individus, et s'ouvrir naturellement l'ère de la paix internationale, de la paix proprement dite ?

Or, cette nouveauté n'est pas absolument nouvelle. Elle existe déjà sous une forme restreinte. Elle existe en Suisse ; elle existe en Allemagne. Là, elle s'appelle le corps germanique. L'Allemagne n'a pas toujours été ce qu'elle est maintenant (1713). Il s'était formé des débris de la puissance et de la souveraineté impériales une multitude de petites puissances particulières et de petites souverainetés subalternes. De là des compétitions, des guerres intérieures et extérieures, et tous les désordres qu'elles entraînent. Quelqu'un dut concevoir l'idée d'unir ces sociétés diverses en une société commune, par le consentement des princes, décidés à soumettre leurs différends à l'arbitrage d'une diète générale. L'idée put paraître d'abord originale, dut rencontrer des obstacles ; elle triompha cependant. L'union s'est faite. Une république germanique a été fondée, qui assure aux souverains le maintien de leur autorité et la perpétuité de leur dynastie ; aux États, avec des frontières invariables, leur autonomie sous la loi commune ; à chacun et à tous, le bienfait d'une paix inviolable. — Voilà l'exemple à suivre. Que l'Europe imite l'Allemagne, et elle obtiendra, par les mêmes moyens, les mêmes résultats. Et comme la confédération des États germaniques a créé la paix germanique, la confédération des sociétés de l'Europe créera la paix européenne. La confédération des sociétés de l'univers créerait de même la paix universelle.

Telle est la solution du problème de la paix perpétuelle, au moins en Europe : une alliance entre les Souverains, une association entre les États, un tribunal international faisant régner la justice internationale, et par elle la paix définitive.

Comment constituer cette union européenne, cette société européenne, cette république européenne, ou de quelque nom qu'on la nomme encore ?

Par un traité, mais un traité d'une nature spéciale, qui lie les souverains par la nécessité de le respecter imposée à chacun par tous ses cosignataires. Ce traité peut se réduire à des termes très-simples. L'abbé de Saint-Pierre, qui l'avait d'abord rédigé en douze articles *fondamentaux*, l'a ensuite condensé en cinq seulement. Ces cinq articles, « suffisants pour produire une paix inaltérable », disposent que les souverains d'Europe feront entre eux une alliance perpétuelle pour se procurer mutuellement, durant tous les siècles à venir, sûreté entière contre les malheurs des guerres étrangères et civiles, et conviendront, dans ce but, de prendre pour point fondamental *la possession actuelle* et *l'exécution des derniers traités;* — que les alliés contribueront, dans la mesure de leurs ressources, aux dépenses de « la grande alliance »; — qu'ils renonceront pour toujours à vider leurs différends par la voie des armes, mais les soumettront au jugement des plénipotentiaires de la confédération réunis en assemblée générale; — que tout membre de l'alliance qui entreprendrait quelque chose contre elle serait réduit par la force publique, c'est-à-dire internationale; — enfin, que rien ne pourra jamais être changé à ces articles essentiels que du consentement unanime des souverains associés.

Ce sont là les conditions nécessaires de l'Europe unie et de la paix perpétuelle. Mais il reste un certain nombre de points à régler, et qui peuvent l'être diversement. Ici, sans rien imposer, l'abbé de Saint-Pierre propose avec confiance ce qui lui paraît convenir le mieux au but poursuivi. De là des articles *importants* et des articles *utiles*.

Ainsi, il conviendrait que les « hauts alliés » fussent toujours représentés par des députés toujours réunis en une diète ou sénat. Il conviendrait que chaque État, grand ou petit, fût représenté par un seul député, ce qui mettrait entre eux, à défaut de l'égalité de puissance, l'égalité d'influence. Il conviendrait , en cas de guerre de l'Union, que les différents États fournissent un nombre égal de troupes , afin que les faibles n'eussent rien à redouter des forts. Il conviendrait que le sénat eût un résident près chaque souverain , qui l'avertirait des faits et gestes du souverain , et celui-ci un ambassadeur près le sénat , qui l'avertirait des faits et gestes du sénat ; *et cætera*. Il serait trop long de relater toutes les convenances exposées par l'abbé, relativement au siége du sénat ou « ville de paix » ; à l'âge et aux qualités des députés, résidents et ambassadeurs ; à la forme des délibérations ; au choix du « généralissime de l'Union. » Il suffit que vous sachiez que rien n'est omis, et que la « république de paix », dans les livres de l'abbé de Saint-Pierre , est un organisme pourvu de toutes ses parties, des parties de ses parties, et qui, finalement, ne laisse rien à chercher, rien à trouver.

Ce projet complet, achevé , prête cependant le flanc à des objections. L'abbé de Saint-Pierre entreprend de les recueillir ou de les deviner toutes, afin de les réfuter toutes. Elles sont soixante-dix, s'il vous plaît ; et notre grand pacifique leur livre une bataille acharnée. Si elles ne jonchent pas le sol, ce n'est pas sa faute. Les principales sont celles qui ont trait au caractère et à la valeur de la guerre ; de la guerre , qui est une suite de la déchéance humaine ; qui est un moyen que Dieu se réserve pour châtier les méchants et exercer les bons ; qui est une nécessité naturelle, puisque la terre ne suffirait pas à la multiplication indéfinie de ses habitants ; qui est la grande ouvrière de la gloire... J'en passe. L'abbé a réponse à tout, et il reste que le système qui unit l'Europe pour la pacifier est un système d'or, dont on ne saurait trop désirer l'application.

Cette application n'inquiète pas la robuste confiance de l'abbé de Saint-Pierre. Que faut-il, en effet, pour que la grande alliance, l'union, l'arbitrage, la paix perpétuelle soient des réalités? Une seule chose : que les souverains le veuillent. Et que faut-il pour qu'ils le veuillent? Une seule chose : qu'ils y voient leur intérêt. Or, l'abbé n'est pas embarrassé de montrer aux souverains qu'ils ont intérêt à signer le «;traité d'union. » Il faut le voir aligner et développer, avec la diffusion et la profusion qui lui sont propres, les innombrables avantages de son système. Avantages communs à tous les souverains : la sécurité au dedans et au dehors ; l'indépendance vis-à-vis de leurs sujets, forcément soumis, et de leurs alliés, forcément respectueux ; le développement de l'industrie et du commerce ; l'accroissement de la richesse publique, dans laquelle il est juste que les princes se fassent la part du lion. — Avantages particuliers à chaque souverain : tous les souverains d'Europe sont successivement passés en revue, nommés par leur nom, argumentés et adjurés. — Avantages quant à la vie future : l'abbé est assez abbé pour y penser. Il signifie aux souverains que la vie future n'est pas moins intéressée que la présente à la paix perpétuelle. Et il montre l'enfer ouvert sous leurs pieds aux rois qui ne renonceraient pas à la guerre, qui refuseraient de prendre la plume qu'il leur présente et de tarir d'un trait cette source, ou plutôt cette mer d'abominations.

Comment les souverains résisteraient-ils à cette démonstration ? car elle arrivera nécessairement jusqu'à eux. Cet ouvrage (l'ouvrage de l'abbé de Saint-Pierre) sera traduit dans toutes les langues, il n'en faut pas douter (c'est lui qui le dit). Il sera donc lu par tout le monde. Il sera donc lu par les souverains et leurs ministres. Il s'en trouvera quelqu'un qui voudra tenter l'entreprise, et qui persuadera à d'autres de s'associer à ses efforts. Deux ou trois souverains s'entendront à cet égard, et ceux-ci en convertiront d'autres. L'union se formera, s'accroîtra et prospérera. Et enfin, un jour, jour béni, le soleil en se levant éclairera, échauffera de ses rayons la société européenne.

Ces progrès pourront être lents, ils pourront être rapides. « Il peut arriver telle chose (ici je cite textuellement) que l'établissement de la société soit fait en dix-huit mois. »

Nous savons trop, Messieurs, que cette prévision ne s'est pas réalisée. Mais si la paix perpétuelle ne s'est pas faite, l'idée a persisté, et, mal accueillie en France (1), elle est allée pousser de nouveaux rameaux sur le sol plus philosophique de l'Allemagne, — je parle de l'Allemagne du XVIIIe siècle.

En effet, tandis que Rousseau abrégeait et critiquait le projet de l'abbé de Saint-Pierre ; que Dubois disait : « C'est le rêve d'un homme de bien » ; que

(1) Il faut excepter Necker, qui se montra fort partisan de la paix et de la paix perpétuelle. Lire l'avant-dernier chapitre de l'ouvrage intitulé : *Sur l'administration des finances en France.*

Voltaire écrivait : « Il est aussi difficile d'empêcher les hommes de se faire la guerre que d'empêcher les loups de manger les moutons, » — un homme de génie, le philosophe Kant, reprenant la thèse de l'abbé, composait à son tour son projet de paix perpétuelle.

On n'est pas en vain l'auteur du Criticisme. Avec un grand sens critique et une clairvoyance supérieure, Kant comprend d'abord que les peuples ne sont pas mûrs pour la paix perpétuelle, et, dans une *première section* de son livre, il expose les *articles préliminaires d'une paix perpétuelle entre les États*.

Ces articles préliminaires ont pour objet de déterminer les pratiques dont les peuples et les souverains doivent contracter l'habitude pour rendre possible le régime de la paix.

Il faut que les États s'estiment ce qu'ils sont, à savoir : des sociétés d'hommes, donc ayant tous les caractères de la personne humaine, donc inviolables. D'où il suit qu'un peuple ne peut être ni possédé ni gouverné par un autre. Il faut que les États renoncent à ces grands armements, qui sont une tentation pour soi-même et une menace pour autrui. Il faut qu'ils s'abstiennent de tout emprunt qui n'a pas pour objet de multiplier ou de perfectionner les instruments de la civilisation, canaux, routes, colonisation, etc. Il faut, s'ils ont été contraints à la guerre, qu'ils s'interdisent les cruautés ou les perfidies qui l'éterniseraient. Il faut, s'ils signent un traité, qu'ils le signent loyalement, sans arrière-pensée de revanche ou de représailles. Il faut enfin qu'ils aiment la paix et qu'ils y visent par tous les moyens en leur pouvoir.

Que ces principes soient compris et adoptés par les peuples, qu'ils s'incorporent et se fondent dans les mœurs publiques, et la paix perpétuelle ne sera plus une utopie, mais une conception parfaitement réalisable.

Elle sera réalisable à trois conditions. Kant les expose dans une *seconde section,* sous ce titre : *Articles définitifs d'un traité de paix perpétuelle entre les États.*

Il est d'abord nécessaire que les États adoptent la forme *républicaine*, c'est-à-dire constitutionnelle et représentative. Cette sorte de gouvernement, la seule qui fasse d'une multitude d'hommes un peuple de citoyens, en leur laissant la libre disposition d'eux-mêmes, est aussi la seule qui permette d'éviter la guerre et de fonder la paix. Tant qu'il dépendra des rois de faire ou de ne faire pas la guerre, ils la feront. Cela est tout simple : ils ont tout à gagner et rien à perdre, un roi absolu étant « propriétaire, et non pas membre de l'Etat. » D'autres sacrifient leur vie, leur fortune, leur bonheur ; lui, le roi, ne sacrifie pas même « ses plaisirs de table, de chasse, de campagne, de cour. » Il en résulte qu'il résout une guerre « comme une partie de plaisir, » laissant au corps diplomatique le soin de la justifier. Mais il n'en est pas de même de la nation. Si c'est le roi qui commande la guerre à son profit, c'est la nation qui la fait à son détriment. Qui va au feu ? la nation. Qui fournit aux dépenses ? la nation. Qui souffre des campagnes ravagées, des villes pillées, du commerce ruiné ? la nation. Qui porte le poids de la dette publique, laquelle fait de la paix même une amertume ? la nation. Comment donc la nation, maîtresse de ses destinées, décrèterait-elle la guerre ! Ce serait décréter contre elle-même un déluge de calamités. Les nations sont essentiellement pacifiques, et le jour où elles se gouverneraient elles-mêmes, où elles seraient des agents libres, au lieu d'être de simples instruments, la paix perpétuelle serait bien près de régner dans les relations des peuples.

Mais ces dispositions pacifiques de peuples libres sous un gouvernement constitutionnel et représentatif ne suffiraient pas, s'ils devaient rester vis-à-vis les uns des autres dans l'état de nature. Ces peuples indépendants, sans liens, mais non pas sans rapports, se feraient échec par leur seul voisinage, et se trouveraient en conflit, malgré qu'ils en eussent. Il faut donc qu'une constitution garantisse leurs droits réciproques ; il faut qu'une loi commune, discutée et consentie, régisse leurs relations ; il faut qu'une juridiction suprême tranche leurs différends, comme les juridictions ordinaires tranchent les procès des individus dans les sociétés particulières. Il faut enfin qu'ils entrent dans l'état juridique, comme y sont entrés les individus, et qu'il se forme des peuples civilisés, légalement unis, un « Etat de nations, » qui croisse insensiblement, et finisse par embrasser tous les peuples de la terre. Hors de là, hors du concert, hors de la loi, hors du droit, point de salut, c'est-à-dire point de paix. Une « alliance pacifique, » différant du « traité de paix, » en ce que celui-ci ne termine qu'une guerre, et qu'elle les terminerait toutes, ne serait qu'une très-imparfaite garantie ; le torrent [des passions humaines aurait bientôt emporté cette digue impuissante. Pour fixer la paix, il ne faut pas moins que l'ancre inébranlable de la Justice.

Sous l'empire de cette constitution juridique et pacifique, s'étendant à tous les peuples civilisés, les peuples barbares auraient leurs droits, qui ne devraient pas être méconnus, comme leurs devoirs, qu'ils devraient observer. Ces devoirs se résument en ces deux mots : hospitalité universelle. C'est-à-dire qu'un étranger, quel qu'il soit, ne doit pas être traité en ennemi dans le pays où il arrive, quel que soit ce pays ; il doit lui être permis d'entrer librement en communication avec les indigènes, puisque, la terre étant sphérique, les hommes ne sauraient s'y disperser indéfiniment : ce qui les oblige à se tolérer les uns les autres. Mais réciproquement, les barbares ont le droit d'être respectés chez eux, et d'y rester les maîtres. Ils ne sont pas plus faits pour être conquis que pour conquérir, et si leur territoire abonde en produits précieux, ce n'est pas une raison pour qu'ils en soient dépossédés. Que les relations entre civilisés et barbares soient telles qu'on vient de le dire, et des liens d'amitié se noueront entre eux, et le genre humain marchera peu à peu vers un état de paix et de civilisation universelles.

Ainsi pensait, ainsi écrivait le philosophe Kant. Il parlait au nom du droit et de la raison, comme l'abbé de Saint-Pierre avait parlé au nom de la Philanthropie. L'intérêt n'avait-il rien à dire en une telle question, et l'Angleterre pouvait-elle garder le silence ? C'est à J. Bentham qu'échut l'honneur de la représenter.

2

J. Bentham, c'est, Messieurs, si je puis le dire,
l'utilitarisme en personne. Il est curieux, après le
moraliste, le philanthrope, de voir l'utilitaire con-
damner absolument la guerre, désirer et organiser la
paix perpétuelle.

Après des considérations sans grande profondeur
sur les causes diverses de la guerre, — il faudrait
dire les causes prochaines ou historiques, — Bentham
indique les moyens de la prévenir. Codifier les
lois internationales non écrites, mais généralement
usitées ; instituer des lois nouvelles sur les points
restés indéterminés ; perfectionner le style des lois et
autres actes, afin d'éviter les querelles de mots, qui
deviennent presque toujours des querelles de faits :
voilà les principaux. Mais Bentham ne se fait pas
longtemps illusion. Il sent que ce sont de bien petits
remèdes pour un si grand mal ; et, à l'exemple de
Kant et de l'abbé de Saint-Pierre, il trace d'une main
ferme le plan à suivre pour assurer et perpétuer la
paix.

Il est d'abord deux conditions sans lesquelles toute
tentative expirerait impuissante. La première est de
réduire et de limiter d'un commun accord les forces
militaires et navales des puissances qui composent le
système européen : ces immenses armées, ces flottes
immenses, ce n'est pas moins que la guerre sus-
pendue, comme une formidable épée de Damoclès
sur la tête des nations. La seconde est d'émanciper
les colonies. Leur droit à la liberté est indéniable, et
l'on ne peut espérer que, avec le pouvoir de le reven-
diquer, elles y renoncent jamais. Il y a là, d'ailleurs,
une force d'expansion infinie qui fait partie de l'in-

vincible force des choses, et contre laquelle il serait aussi vain que dangereux de lutter.

Les colonies mises en possession d'elles-mêmes, les armées de terre et de mer mesurées aux nécessités de la police nationale et internationale, une Diète générale, composée d'autant de fois deux députés qu'il y a de puissances, grandes ou petites, en Europe, serait érigée en tribunal européen, exerçant un arbitrage sans appel. Elle aurait le triple pouvoir de prononcer souverainement dans toutes les questions litigieuses entre deux ou plusieurs États ; de rendre public son verdict dans toute l'étendue des États intéressés ; de mettre, après un certain délai, tout État réfractaire au ban de l'Europe.

Une armée commune, entretenue à frais communs, devrait être fournie par les États confédérés pour le cas où l'un d'entre eux refuserait absolument d'exécuter la sentence prononcée par le tribunal international. Mais ce cas se présenterait-il ? Les jugements motivés de la Diète solennellement proclamés dans toute l'Europe attentive, la rébellion de l'État infidèle à ses engagements dénoncée à l'opinion publique par toutes les voix de la presse, c'est là une force morale immense, et qui rendrait inutile l'emploi de la force matérielle. Il y a aussi pour les nations une pudeur salutaire, qui les rappelle au devoir, quand elles l'oublient.

Messieurs, après la France, l'Allemagne et l'Angleterre, après l'abbé de Saint-Pierre, Kant et Bentham, après la philanthropie, le droit et l'intérêt, on peut croire que tout a été dit sur la guerre et les moyens d'y mettre fin, sur la paix et les moyens de l'asseoir définitivement. Cependant au commencement de notre XIX° siècle, l'idée de la paix perpétuelle fait un progrès. Jusque-là enfermée dans les livres, elle en sort, et met le pied sur le terrain de la réalité. Elle entre dans ce que j'appellerai la phase active et agitatrice. Des *sociétés* s'organisent, des *congrès* se réunissent, des *influences* sont exercées sur les gouvernements, des *déclarations* sont provoquées. C'est toute une histoire, même assez compliquée, et dont j'indiquerai seulement les principaux traits.

Cette fois, Messieurs, c'est l'Amérique qui donne l'exemple et l'impulsion. En 1815, la secte des Quakers fonde à New-York une *société des Amis de la paix*. L'année suivante, (il n'y a pas loin de l'Amérique à l'Angleterre, malgré les mers et la distance), une société pareille se forme à Londres. Des succursales naissent à la suite, et un peu partout. L'institution traverse le détroit et fleurit bientôt sur le continent. Et comme elle a la puissance que donnent une conviction forte et une espérance élevée, elle ne tarde pas à s'affirmer par des congrès, qui sont ses vrais moyens d'action.

Ces congrès, Messieurs, ont été fort nombreux déjà et n'ont pas passé inaperçus. Je citerai celui qui se réunit à Londres en 1843 ; je citerai ceux qui se réunirent, de 1848 à 1851, à Bruxelles, à Paris, à Francfort et à Londres encore. Ce dernier fut remarquable entre tous. C'était pendant l'exposition universelle. On y voyait figurer vingt-deux membres du parlement britannique, plusieurs membres de l'Assemblée législative et du Conseil d'État de France, six corporations religieuses, deux corporations municipales, trente et un délégués des sociétés de paix d'Amérique. Plus de trois mille assistants remplissaient la vaste salle d'Exeter-Hall. Des *résolutions* importantes furent adoptées ; une action effective exercée sur les gouvernements et les assemblées politiques.

Car, Messieurs, les sociétés de paix, en leurs congrès, ne se bornent pas à émettre des vœux, à faire des déclarations ou proclamations ; elles *agissent*, en intervenant par leurs délégués, ou leurs adresses, dans les délibérations gouvernementales. Ainsi le congrès de 1843 envoyait une adresse à tous les gouvernements civilisés pour les exhorter à introduire dans leurs traités de paix ou d'alliance une clause par laquelle ils s'engageraient, en cas de dissentiment, à accepter la médiation d'une ou plusieurs puissances amies (1). — Ainsi, en 1848, M. Beckwitt, secrétaire de la *société centrale de la paix d'Amérique*, présentait la même adresse au Président des États-Unis (2). — Ainsi, en 1851, le comité des affaires étrangères du Sénat des États-Unis, sollicité par les Amis de la

(1) Le roi Louis Philippe répondit : « La paix est le besoin de tous les peuples, et, grâce à Dieu, la guerre coûte beaucoup trop cher aujourd'hui pour qu'on s'y engage souvent, et je suis persuadé que le jour viendra où dans le monde civilisé on ne la fera plus. »

(2) Le Président fit observer que les gouvernements populaires sont naturellement portés à la paix : « Que le peuple soit instruit, qu'il jouisse de ses droits, et il demandera la paix comme indispensable à sa prospérité. »

paix, émettait un vœu en faveur de l'arbitrage international, et, en 1853, le même Sénat engageait le
Président, chaque fois qu'il serait possible, à insérer,
dans les traités à conclure à l'avenir, un article ayant
pour but de faire soumettre tout différend qui pourrait s'élever entre les parties contractantes à la décision
d'arbitres à choisir d'un commun accord. — Ainsi, en
1856 (c'était après la guerre de Crimée), une dépu-
tation de la société de la paix de Londres était envoyée
à Paris pour recommander à lord Clarendon et aux
plénipotentiaires réunis dans cette ville une clause
relative à l'arbitrage international. Et le *traité de
Paris*, après avoir stipulé une médiation dans le cas
d'un désaccord entre la Turquie et telle ou telle des
autres puissances contractantes, ajoutait, dans le
vingt-troisième protocole : « Les plénipotentiaires n'hé-
sitent pas à exprimer le vœu, au nom de leur gouvernement, que les États entre lesquels un sérieux
dissentiment viendrait à s'élever eussent recours,
avant d'en appeler aux armes, en tant que les circon-
stances l'admettraient, aux bons offices d'une puissance amie. Les plénipotentiaires espèrent que les
gouvernements non représentés au congrès s'uniront
au sentiment qui a inspiré le vœu contenu dans le
présent protocole. « Et, en effet, quarante États adhé-
rèrent à cette clause. — Enfin, (car il faut finir cette
énumération, toute satisfaisante qu'elle est), le
8 juillet 1873, à Londres, les Amis de la paix obte-
naient, par un vote du parlement, qu'une adresse fût
envoyée à la Reine, « pour qu'il lui plaise de charger
le secrétaire d'État aux affaires étrangères de se
mettre en rapport avec les puissances, *en vue de*

perfectionner les lois internationales et d'établir un système permanent d'arbitrage (1). » Et le 24 novembre suivant, la Chambre des députés italienne proclamait à l'unanimité la même résolution et formait le même vœu dans une séance solennelle. Quelques mois plus tard, en 1874, la Chambre des députés de Suède s'honorait par une motion semblable.

Cependant un mouvement parallèle se produisait, qui, avec des visées moins ambitieuses, allait indirectement au même but, je veux parler des efforts généreux tentés depuis quelques années, sous des formes diverses, non pour supprimer la guerre, mais pour l'adoucir, et, selon l'expression d'un publiciste français, la *civiliser*.

La convention de Genève, en 1864, s'était préoccupée du sort des blessés ; plus tard, une association française, présidée par M. le général comte d'Houdetot, avait appelé l'attention des cabinets de l'Europe sur le sort des prisonniers : stimulées par ces nobles exemples, on voit alors la science et la diplomatie entrer en ligne, et rivaliser de zèle dans la même œuvre.

La même année, en 1873, la science réunit à Bruxelles un congrès international composé de juris-

(1) Déjà, en 1849, Richard Cobden avait présenté la même motion, ridiculisée par lord Palmerston, et rejetée. Mais dans l'intervalle, le mouvement pacifique, loin d'être ralenti par l'exécrable guerre de l'Allemagne contre la France, s'était précipité, et emportait dans son essor peuples, parlements et gouvernements.

consultes des deux mondes, à l'effet de délibérer sur la codification du Droit des gens, — et elle fonde, à Gand, un *Institut de Droit international,* composé également de jurisconsultes éminents, et de toutes nationalités, à l'effet également de régulariser et d'humaniser la guerre. Cet Institut a donné des preuves de vitalité dans ses deux sessions de Paris 1878 et 1879, et en rédigeant un *manuel des lois de la guerre sur terre,* lequel, adressé à tous les gouvernements, a eu l'insigne honneur de provoquer une *lettre* justificative de M. le comte de Moltke.

La diplomatie (chose plus notable) marche du même pas dans la même voie, quoique avec des vues moins désintéressées. Je fais allusion à la fameuse conférence de Bruxelles *sur les lois et coutumes de la guerre.* Par l'ordre de l'empereur Alexandre, le prince Gortschakoff adressait le 17 avril 1874 une dépêche aux représentants de la Russie à l'étranger, et y joignait un projet en 70 articles proposés à titre de point de départ. Tous les États civilisés, grands et petits, étaient invités. Treize États, tous européens, se réunirent, en effet, à Bruxelles le 27 juillet 1874. On sait qu'une mémorable discussion eut lieu, et qu'il en sortit un projet définitif en 56 articles, critiqués après coup par l'Angleterre avec une vivacité de forme, qui ne l'empêche pas d'avoir raison au fond. On sait aussi qu'une seconde conférence était dans les vœux de l'empereur de Russie.

Or, Messieurs, il est bien clair que ces tentatives scientifiques et diplomatiques pour modifier la guerre dans le sens de l'humanité et de la justice, et parce qu'elles lui ôtent son prestige, et parce qu'elles l'amoindrissent, tendent à la détruire. Civiliser la guerre, c'est la rapprocher de la paix, et le jour où elle serait complétement civilisée, elle aurait cessé d'être. Qui dit civilisation dit paix.

Voilà, Messieurs, où en est, à l'heure où j'ai l'honneur de vous parler, l'idée de la paix perpétuelle. Quel avenir lui est réservé ? Que faut-il penser de tout ce noble mouvement vers la paix, et faut-il croire qu'il va prochainement aboutir ? Je ne suis pas si optimiste que cela ; mais je ne suis pas non plus de ceux qui ne veulent absolument pas espérer des jours meilleurs.

Il me semble, Messieurs, qu'il y a ici deux questions distinctes, qui doivent être successivement posées et discutées : 1° Est-il désirable ; 2° est-il possible que la guerre disparaisse ?

Et d'abord est-il désirable que la guerre disparaisse ? Cette question ressemble à une naïveté ; et plût au ciel qu'elle fût, en effet, une naïveté ! Mais il s'en faut bien. La guerre a eu de tout temps ses partisans ; elle en avait à l'époque de l'abbé de Saint-Pierre, vous l'avez vu ; elle en a de nos jours. Ils sont là, des théologiens, des philosophes, des historiens, des publicistes, — des généraux et des feld-maréchaux, — cela va sans dire, qui forment, en regard des Amis de la paix, comme une école d'Amis de la guerre. Vous les nommez. C'est J. de Maistre, qui voit dans la guerre une institution divine, un cas particulier de la loi universelle qui veut que, dans toutes les séries d'êtres animés, les inférieures soient la proie des supérieures. C'est Hegel, qui, infidèle à

Kant, confond audacieusement le droit avec la force,
celle-ci n'étant que la manifestation de celui-là. C'est
on pourrait dire toute l'Allemagne contemporaine,
qui, enivrée de sa supériorité militaire, proclame,
par toutes les bouches de ses docteurs et professeurs (1), non plus l'identité du droit et de la force,
mais la primauté de cette dernière. C'est quelques
Français (2) qu'on a regret de rencontrer en cette
compagnie, et qui goûtent dans la guerre l'occasion
d'exercer les plus mâles vertus. Et c'est enfin, pour
couronner cette liste, M. de Moltke, qui, ces jours
passés, résumait tout cela par ces superbes paroles :
« La guerre est un élément de l'ordre du monde
établi par Dieu. Les plus nobles vertus de l'homme
s'y développent : le courage et le renoncement, la
fidélité au devoir et l'esprit de sacrifice ; le soldat
donne sa vie. Sans la guerre, le monde croupirait et
se perdrait dans le matérialisme. » Et, tournant un
regard de mépris du côté des partisans de la paix, il
concluait militairement : « C'est un rêve, et ce n'est
même pas un beau rêve. »

Sans doute, M. le Feld-Maréchal, ce n'est pas un

(1) Le Dr Lasson, auteur de l'*Idéal de la civilisation et de la
guerre* ; le professeur Treitschke, professeur d'histoire de l'Uni-
versité de Berlin ; le professeur Jæger, naturaliste, à Stuttgard ;
et même parmi les sociétés de la paix d'Allemagne, le professeur Bluntschli, qui veut bien régulariser, mais non supprimer
la guerre ; le professeur Heffter, etc., etc.

(2) MM. Funck et Sorel, auteurs d'un nouveau *Manuel du
droit des gens* ; M. Lavisse, article de la *Revue des Deux-Mondes*
(juillet 1880), *Déterminisme historique et géographique*, à propos
du livre de M. Marion, *De la solidarité morale.*

beau rêve pour vous, qui ne seriez pas feld-maréchal
et dont le génie stratégique resterait sans emploi !
Mais demandez aux familles mutilées, qui ont perdu
leur fleur et leur espérance, si la paix n'est pas un
beau rêve ? Mais demandez aux campagnes dévastées,
et qui pleurent leurs moissons ; aux villes saccagées,
et qui mènent le deuil de leurs monuments ; aux
États bouleversés , et qui retrouvent difficilement
leur assiette, si la paix n'est pas un beau rêve ? Mais
demandez aux Peuples que la fortune a trahis, que
la conquête a démembrés ; demandez à notre Alsace
et à notre Lorraine (je dis *notre* Alsace et *notre* Lorraine, parce que, si vous avez pu les arracher de nos
mains, vous ne les arracherez pas de nos cœurs), de-
mandez-leur si la paix n'est pas un beau rêve? Demandez à la civilisation, forcée de s'arrêter ou de
reculer ; au commerce, tari dans ses sources ou
entravé dans ses communications ; au travail, frappé
de stérilité, et à tous ceux qui en vivent, si la paix
n'est pas un beau rêve ? Demandez à l'Europe, con-
trainte de s'armer jusqu'au dernier homme, parce
qu'il vous a plu de vous armer jusqu'aux dents, et de
vivre sur le qui-vive, parce qu'il vous plaît d'être
menaçants, si la paix n'est pas un beau rêve? Et si
votre Allemagne était assez de sang-froid pour se voir
telle qu'elle est, je dirais : demandez à l'Allemagne,
plus pauvre en même temps que plus avide depuis
qu'elle a dévoré nos milliards, infectée de socialisme,
haletante sous un militarisme effréné, demandez-lui
si la paix n'est pas un beau rêve ?...

La guerre n'est pas plus à louer que la paix à
blâmer. Tout ce que ses apologistes ont dit en son

honneur n'est que sophisme. La guerre instituée de Dieu ! Absolument comme les violences et les scélératesses des individus dans les relations civiles. Il est dans nos sociétés des individus qui ne savent pas résister à leurs plus mauvaises passions ; ils désirent le bien du voisin, et le tuent pour le voler. C'est le crime. Il arrive aussi que les peuples, ou leurs chefs, cèdent à leurs convoitises et versent des flots de sang pour s'emparer d'un territoire qui ne leur appartient pas, ou s'asservir des populations qui, créées libres, prétendaient rester libres. C'est la guerre. Le crime et la guerre sont donc la même action sous des proportions différentes, et elles n'ont rien de *divin* ni l'une ni l'autre ; elles n'ont même rien d'*humain*. Jusqu'à présent, la gloire, ou ce qu'on nomme ainsi, a fait illusion ; mais un jour viendra, et il est presque venu, où le vent de la civilisation balaiera ce nuage brillant et décevant : alors la vérité se manifestera dans sa saisissante nudité, et ce qu'on avait admiré, on le trouvera tout simplement horrible.— Il ne paraît pas que la guerre rentre dans cette loi de destruction universelle dont on parle. Si l'animal détruit l'animal, c'est qu'il ne peut vivre qu'à cette condition ; l'homme n'a pas besoin de détruire l'homme pour vivre, et quand il en vient à cette extrémité, il n'obéit pas fatalement à une nécessité naturelle, il sacrifie librement à l'ambition ou à la cupidité. La guerre n'est pas une loi, mais un accident, une erreur, un forfait, et voilà pourquoi elle devient plus rare, en même temps que plus douce, à mesure que la civilisation grandit, et que les peuples montent à la liberté. — Singulière métaphysique, celle de ces philosophes, docteurs et professeurs d'Outre-Rhin, suant sang et eau à confondre ce qui est invinciblement distinct, à subordonner ce qui est essentiellement supérieur ! Mais toute la science, toute la logique et toute la sophistique du monde ne sauraient donner le change à la conscience du genre humain, laquelle sent fort bien et maintient imperturbablement que le droit est une chose, et la force une autre ; que le droit est fait pour commander, et la force pour servir ; que, toutes les fois que ce rapport est respecté, il y a ordre moral, et désordre quand il est renversé : d'où il suit que la guerre, qui est précisément ce renversement, puisqu'on pourrait la définir la force égorgeant le droit, ne saurait jamais être justifiée et amnistiée. — Et quant à ce qu'on dit que la guerre est le théâtre où se déploient *le courage et le renoncement, la fidélité au devoir et l'esprit de sacrifice ;* et que, la guerre ôtée, *le monde croupirait dans le matérialisme,* je réponds d'abord que le matérialisme fait ici une assez étrange figure, et que la guerre présentée comme un rempart contre le matérialisme, comme une école de spiritualité et d'idéalité, est une découverte toute nouvelle. Je réponds ensuite que je suis loin de nier ou de dédaigner le courage, l'abnégation et l'héroïsme des champs de bataille ; que je rends autant que personne aux armées, généraux et soldats, l'honneur qui leur est dû ; mais que ce serait se tromper soi-même et tromper les autres que de penser et d'induire les autres à penser qu'il n'y a de courage, d'abnégation et d'héroïsme que parmi ces mêlées et ces boucheries humaines, et que les vertus sanglantes sont les seules vertus. Grâce à Dieu, il en est de plus humaines, de plus chrétiennes, donc plus belles. Il y a la vertu de ces hommes modestes qui, sans bruit, sans récompense, bravent des contagions mortelles, pour disputer leurs semblables à la maladie, ou arracher à celle-ci ses secrets ; un vieillard qui sort d'une retraite laborieusement gagnée pour voler au secours des pestiférés d'un autre hémisphère (1) ; un médecin de la marine qui accepte la dangereuse mission d'aller au Sénégal poursuivre au foyer de l'épidémie les recherches commencées à Bordeaux par le plus illustre de nos chimistes (2) ; de jeunes internes des hôpitaux, vos camarades, Messieurs les Étudiants en médecine, qui savent mourir du mal qu'ils ont osé combattre au lit des petits enfants (3) : tous des fidèles du devoir, de nobles exemplaires du dévouement professionnel, et qui méritent bien de la patrie, en méritant bien de l'humanité. — Il y a la vertu de ces hardis explorateurs, qui ne reculent ni devant un climat de feu ou de glace, ni devant la famine, ni devant la férocité de hordes qui n'ont d'humain que le visage : les noms de plu-

(1) Le Dr Chassagneul, ancien médecin de marine, depuis longtemps en retraite, sollicitait et obtenait naguère la permission de se rendre à Saint-Louis, au Sénégal, pour y soigner gratuitement la population française et étrangère.

(2) Le Dr Talnig, parti il y a quelques semaines pour aller étudier la fièvre jaune dans ses principes, le *Richelieu* n'ayant plus de malades à offrir aux observations de M. Pasteur.

(3) Tout le monde sait que l'an dernier plusieurs internes des hôpitaux de Paris sont morts du croup, gagné en soignant des enfants atteints de cette terrible maladie.

sieurs, tombés récemment sur ce champ d'honneur, sont vivants dans vos mémoires. Quelques-uns reviennent, mais pour préparer de nouvelles expéditions, et tenter de nouvelles découvertes à travers de nouveaux dangers. — Il y a la vertu du savant qui, se refusant à toutes les joies de la vie, s'enferme dans un laboratoire, à la recherche d'une loi pressentie, ou d'une invention rêvée ; du naturaliste-voyageur qui, loin des satisfactions de la vie civilisée, se fait en quelque manière l'hôte et le commensal des animaux, pour surprendre et noter leurs mœurs. — Il y a la vertu de tous ceux qui luttent contre l'ignorance, de tous ceux qui luttent contre la misère. — Il y a la vertu de ceux qui fondent des établissements de bienfaisance et de préservation sociale, des hôpitaux ou des lits dans les hôpitaux, des orphelinats, des maisons d'éducation et de redressement pour l'*enfance coupable* ou *abandonnée*. — Il y a la vertu de ceux qui, n'ayant rien à donner, se donnent eux-mêmes, leur temps, leurs soins, leur esprit et leur âme. — Il y a la vertu de l'ouvrier sobre et économe qui élève et nourrit sa famille à la sueur de son front. — Il y a la vertu des mères qui, par une inconcevable aberration, refusent quelquefois leur lait à l'enfant béni, mais lui prodiguent toujours, avec leur tendresse, leurs veilles, et jusqu'à leur santé, et jusqu'à leur vie. — Il y a enfin la vertu de tous ceux qui aiment ; car l'amour, le plus beau des sentiments, est aussi une vertu. Non, non ; la guerre peut disparaître de nos sociétés sans dommage ; les âmes n'en seront ni amollies, ni détrempées ; il restera dans le monde assez de vertus douces et tendres, assez de générosité, assez de magnanimité, pour le purifier et le fortifier, pour le parfumer et le protéger contre la corruption !

La guerre dont je parle, Messieurs, est-il besoin de le dire, c'est la guerre offensive, la guerre de conquête, sans laquelle il n'en existerait d'aucune sorte. A Dieu ne plaise que je condamne la guerre de résistance, la guerre défensive ! C'est un fléau, le pire des fléaux, mais le crime est pour ceux qui le déchaînent, le malheur pour ceux qui le subissent. Un peuple n'est pas coupable, étant attaqué, de se défendre. Un peuple est une personne : il a droit à la vie, à la libre disposition de lui-même, au territoire qu'il a fait sien par l'occupation, la culture et le travail, aux institutions qui lui plaisent, aux lois qu'il s'est données, à la destinée qui est dans ses aptitudes, dans ses traditions, dans sa situation géographique, économique et politique : par conséquent, menacé, frappé, envahi, il a droit de courir aux armes, d'opposer la force à la force, et il s'honore en usant de ce droit. La guerre défensive, c'est-à-dire pour l'indépendance nationale, n'est pas seulement légitime, elle est sainte. Mais elle disparaîtrait avec l'autre, que tout accuse, que rien ne recommande.

Telle est la guerre : défensive, c'est dans la vie des peuples le droit de légitime défense, mais aussi le suprême malheur ; offensive, c'est la sanglante violation du droit et le crime suprême, un crime qui les résume tous ; dans tous les cas, et quelle qu'en soit la forme, c'est l'état de nature, c'est-à-dire l'état barbare, subsistant dans les rapports des nations entre elles, après avoir depuis longtemps cessé d'être dans les rapports des individus entre eux. Que veulent donc la civilisation et le progrès? Que la guerre disparaisse; qu'il n'y ait plus de peuples agresseurs et plus de peuples obligés de se défendre, plus de nations conquérantes et plus de nations conquises, plus de ces grands brigands et plus de ces grandes victimes; que les différends des peuples soient réglés par des lois et jugés par un tribunal, comme les différends des particuliers; qu'un état juridique s'établisse entre les peuples, analogue à l'état civil qui règne entre les membres d'une même société; et que la paix enfin, une paix sans terme, sans trouble, fleurisse entre les « États-Unis de l'Europe », en attendant de fleurir entre les États-Unis du monde entier.

Voilà l'idéal.

Cet idéal est-il réalisable? Se peut-il que l'Europe s'unisse en une libre confédération, que les États se soumettent à un arbitrage permanent, et qu'une paix inébranlable s'élève sur ces solides bases?

Aujourd'hui ou demain, complétement et parfaitement, non; dans un avenir plus ou moins éloigné, en une mesure plus ou moins grande, oui.

Ce n'est pas moi, Messieurs, qui prononce ce oui téméraire; ce sont les faits d'abord, la plus grande autorité du siècle; c'est ensuite le raisonnement, qui n'est pas non plus à mépriser.

Déjà Rousseau, tout sceptique qu'il était en matière de paix perpétuelle, constatait entre les États de l'Europe « une sorte de système qui les unit par une même religion, par un même droit des gens, par les mœurs, par les lettres, par le commerce et par une sorte d'équilibre, qui est l'effet nécessaire de tout cela. » « Cette société des peuples de l'Europe, qui n'a pas toujours existé », ne l'avons-nous pas singulièrement perfectionnée? Au *système européen* de Rousseau n'avons-nous pas substitué le *concert européen* de la diplomatie contemporaine? Et qu'est-ce, je vous prie, que le concert européen, sinon une union consciente, voulue, discutée, arrêtée, réglementée des peuples de l'Europe en vue d'éviter la guerre? Et ce concert, il n'est nullement platonique; il s'est, sous nos yeux, affirmé par des faits. Il a eu son congrès de Berlin pour réviser le traité de San-Stefano; il a eu ses communications de cabinet à cabinet pour s'entendre, ses réunions de plénipotentiaires pour arrêter les mesures à prendre, ses démonstrations de flottes combinées pour imposer ses volontés; et deux fois au moins il a épargné à l'humanité de sanglantes aventures. Le progrès s'arrêtera-t-il là? Et le concert européen, en se perpétuant, en se cimentant par un inviolable traité, ne deviendra-t-il pas tôt ou tard la confédération rêvée par les Amis de la paix?

D'autre part, l'arbitrage international est entré dans nos mœurs politiques, et s'y est signalé. On s'est plu à compter, depuis 1853, au moins vingt cas d'arbitrage, — entre les États-Unis et l'Angleterre (1853), entre les États-Unis et la Nouvelle-Grenade (1860), entre les États-Unis et Costa-Rica (1861), entre les États-Unis et le Pérou (1863), entre le Brésil et l'Angleterre (1863), entre l'Amérique et l'Angleterre (1865), entre l'Égypte et l'Espagne (1870), entre les États-Unis et l'Angleterre (1872). Je note surtout le premier et le dernier. Le premier, relatif aux pêche-

ries du Canada, objet qui n'a certes rien de gran-
diose, est remarquable en ce qu'il nous offre l'exemple
d'un arbitrage permanent ; il fonctionnait encore ces
jours derniers pour résoudre quelques difficultés sur-
venues entre les puissances contractantes. Le dernier,
relatif à la célèbre affaire de l'Alabama, nous montre
deux grands peuples, sur le point d'en venir aux
mains, se ravisant, prenant conseil de la raison et de
la justice, et s'en remettant avec confiance au jugement d'un tribunal arbitral ; il nous montre la fière
Angleterre acceptant dignement la sentence qui la
condamne, et s'exécutant avec une bonne grâce qui
n'est pas précisément dans ses habitudes. Peut-on
supposer qu'une pratique si sensée et si excellente,
après avoir si bien fait ses preuves, doive disparaître
de notre civilisation grandissante ? Ou n'y a-t-il pas
plutôt lieu de croire qu'elle deviendra et plus fré-
quente et plus constante, pour prendre enfin la forme
auguste d'une diète européenne, jugeant sans appel
les conflits internationaux ?

La paix par la confédération et l'arbitrage est donc
dans les probabilités de l'avenir. D'ailleurs, tout en
favorise, tout en appelle le glorieux et consolant
avènement : les progrès de la démocratie, ceux des
mœurs et ceux du commerce.

J'ai dit : les progrès de la démocratie. Ils sont in-
contestables, ils sautent aux yeux. Or, ce qui n'est ni
moins visible, ni moins incontestable, ce que Kant
avait en partie bien compris et bien dit, c'est qu'il
n'appartient qu'à la démocratie, et qu'il lui appartient très-certainement de hâter la paix, en suppri-
mant les obstacle . Un obstacle, c'est l'insatiable,

l'indestructible ambition des rois absolus. Leur demander, comme le faisait naïvement l'abbé, de renoncer à la guerre, c'est leur demander de renoncer à eux-mêmes. Un autre obstacle, c'est l'inique partage de l'Europe, que les rois absolus n'ont cessé de se disputer, comme des vautours, qu'ils se disputeront tant qu'ils seront. Aussi, l'abbé en avait-il un peu trop facilement pris son parti. Mais les rois absolus s'en vont, et les peuples arrivent. Or, il est de l'essence des peuples de détester la guerre, comme il est de celle des rois de l'aimer. Donc, maîtres de ne pas la faire, ils ne la feront pas. Ils imiteront le libre peuple des États-Unis et le libre peuple d'Angleterre dénouant leurs différends pacifiquement, par les procédés juridiques. Bannissant la guerre, ils renonceront à ses injustes et violents résultats, à ses conquêtes, qui sont des attentats aux peuples voisins. Amoureux de leur indépendance nationale, ils auront le respect des nationalités. Et l'on verra se produire dans l'enceinte de l'Europe la noble démarche de l'Angleterre renonçant à la conquête du Transwaal, et laissant les Bœrs à leur autonomie naturelle, après avoir eu la tentation de se les asservir. Non, il ne se peut pas que l'ère des gouvernements populaires ne soit pas l'ère de la paix dans l'indépendance et la liberté.

Ce qui contribuera encore à procurer cet avenir pacifique, c'est le changement qui s'opère dans nos mœurs publiques et privées ; c'est, si j'ose employer un mot que le siècle précédent a rendu ridicule par l'abus qu'il en a fait, c'est notre sensibilité plus grande. Il est certain, Messieurs, qu'il s'est fait peu à peu, surtout depuis un siècle, comme un amollissement des cœurs, qu'il ne faut pas confondre avec l'abaissement des âmes et l'effacement des caractères : la douceur des sentiments n'est pas incompatible avec la hauteur des pensées et la constance des volontés. Donc, nos mœurs se sont tempérées et nos cœurs attendris. Notre faculté d'aimer s'est assouplie et étendue. Nous sommes devenus plus pitoyables, plus humains. Et quand je dis *nous*, je n'entends pas seulement les individus, mais les peuples. Aussi, voyez, quand la guerre sévit,..... les femmes *ne tressent plus des couronnes* pour les vainqueurs, elles effilent de la charpie pour les blessés ; et les peuples ne battent plus des mains aux conquérants, ils ouvrent un refuge aux soldats écrasés par le nombre, ils envoient des provisions aux villes qui ont attendu, pour se rendre, de mourir de faim. Or, cet élan universel, ce n'est pas moins qu'une déclaration de guerre universelle à la guerre. Elle succombera, j'oserais le jurer, à l'horreur qu'elle inspire, qu'elle inspirera de plus en plus.

Elle succombera aussi aux protestations du commerce et de l'industrie. Le commerce, l'industrie, ce sont là, Messieurs, deux puissances avec lesquelles les plus puissants doivent compter. Et savez-vous ce qui fait si puissants le commerce et l'industrie ? Ce n'est pas seulement leur plus grande étendue, leur incessant accroissement ; c'est leur caractère international. Autrefois, chaque peuple avait son industrie et son commerce, qui ne dépassaient guère ses frontières. Il suivait de là qu'une guerre entre deux peuples laissait les autres indifférents. Il en est autrement aujourd'hui. La grande industrie a pris un tel essor, les voies de communication se sont à tel point multipliées et perfectionnées, que c'est d'une extrémité à l'autre du monde civilisé une perpétuelle circulation des produits du monde civilisé. C'est, avec une fabrication universelle, un échange universel. De là un entrecroisement, un enchevêtrement d'intérêts, qui font tous les peuples solidaires. Et de cette solidarité, il résulte quoi? Qu'un peuple ne peut être troublé, sans que tous les autres le soient. La guerre n'est donc pas moins dommageable aux neutres qu'aux belligérants. Comment les neutres ne s'y opposeraient-ils pas? Et s'ils rendent déjà par leur opposition, tacite où non, la guerre plus difficile et plus rare, comment ne la rendraient-ils pas impossible dans un avenir où ils auront plus à perdre? En attendant la confédération politique qui empêcherait la guerre, nous voyons se former spontanément, inconsciemment, comme une confédération industrielle et commerciale, qui ne lui est pas moins hostile.

En résumé, la guerre a tout contre elle : la solidarité des intérêts, la clémence des mœurs, la liberté politique. Nous pouvons donc envisager l'avenir d'un esprit serein. Ce que ce siècle-ci ne verra pas, le suivant a de sérieuses chances de le voir. Le règne de la paix, après le règne de la guerre, vaut la peine d'être cherché avec une persévérance que rien ne fatigue, d'être attendu avec une espérance que rien ne décourage. Donc, sans nous faire d'illusions, ayons confiance néanmoins, et pour que le ciel nous aide, aidons-nous nous-mêmes. Affiliés ou non à ses sociétés, soyons tous des amis de la paix.

Chacun dans notre sphère, et selon nos ressources , travaillons au triomphe de cette cause sainte. Instituteurs, professeurs, ministres des religions, écrivains , publicistes , journalistes , députés, hommes d'État, employons nos influences diverses à déraciner du cœur des hommes les haines héréditaires , à éteindre les jalousies commerciales et politiques, à effacer ce qui divise, à développer ce qui unit. Que tous nos sentiments soient sympathiques pour exciter la sympathie, et toutes nos paroles conciliantes pour faire naître la conciliation. Et finalement, que les peuples , éclairés sur leurs intérêts comme sur leurs devoirs, en viennent à se dire mutuellement , en s'appropriant la douce parole évangélique : que la paix soit avec vous, que la paix soit entre nous !

Caen, Typ. F. Le Blanc-Hardel.

www.ingramcontent.com/pod-product-compliance
Lightning Source LLC
Chambersburg PA
CBHW061708060726
47597CB00006B/2254